Anselm **GRÜN**

Estime de SOI, estime de L'AUTRE

S'épanouir dans le respect réciproque

Traduction : Muriel Frantz-Widmaier

LES CLES DE LA spiritualité

jouvence EDITIONS

Du même auteur et dans la même collection :
Ose le renouveau et vis-le en confiance
Être en harmonie. Oublier ses soucis. Simplement vivre

Dans la même collection aux Éditions Jouvence :
Marche et méditation, Pierre-Yves Brissiaud
L'alphabet du bonheur, Jean-Yves Revault
Les 4 cercles Maasaï du bonheur, Xavier Péron
Le millionième cercle, Jean Shinoda Bolen
30 enseignements zen des maîtres du thé, Nicolas Chauvat
Haïkus et méditation, Christian Miquel
Accueillir le monde avec courage, Frans Goetghebeur
Vivre ma spiritualité au quotidien, Pierre Pradervand

Catalogue gratuit sur simple demande

ÉDITIONS JOUVENCE
France : BP 90107 – 74160 Saint-Julien-en-Genevois Cedex
Suisse : Route de Florissant 97, 1206 Genève
Mail : info@editions-jouvence.com
Site internet : www.editions-jouvence.com

Titre original : *Wertschätzung,* Anselm Grün

Traduit de l'allemand par Muriel Frantz-Widmaier
ISBN : 978-2-88911-868-7

Couverture : Frank Pitel [grad-design.fr]
Mise en page intérieure : Morgane Postaire
Images - AdobeStock.com : © Marina Zlochin, © flaya

TABLE DES MATIÈRES

AVANT-PROPOS

Tout homme rêve de reconnaissance. Il aimerait être apprécié pour sa vraie valeur, il aimerait être considéré et bénéficier d'un certain crédit. Mais cette estime, dont nous avons nous-mêmes tant besoin, nous en faisons preuve à l'égard de l'autre avec parcimonie. Nous sommes trop obnubilés par notre propre besoin pour voir que les autres rêvent tout autant que nous de jouir de notre estime. Il serait si simple d'estimer les êtres humains autour de nous. Il faudrait simplement nous y exercer.

Deux conditions doivent être réunies pour que nous puissions faire preuve d'estime à l'égard de l'autre :

• Nous devons tout d'abord nous accepter nous-mêmes, avoir conscience de notre propre valeur. Tant que nous nous dévaloriserons, nous ne parviendrons pas à estimer les autres. Nous avons beau le vouloir, nous n'y parviendrons pas. Malgré la meilleure volonté du monde, l'autodévalorisation nous pousse inexorablement à dévaloriser autrui. Ou alors nous sommes tellement braqués sur notre propre besoin de reconnaissance que nous restons aveugles aux besoins des autres.

• Nous devons ensuite nous montrer capables d'empathie vis-à-vis des êtres humains qui nous entourent. En traitant ces personnes sans préjugés, nous pouvons déceler chez elles, souvent cachée derrière une attitude parfois difficile, une aspiration à être vues et estimées.

Grâce à mon estime, je peux transformer les hommes autour de moi.

Seul un homme sans aucun égocentrisme est à même de considérer autrui dans son dénuement. Il pourra ensuite aisément témoigner à l'autre son estime et sera récompensé par le regard métamorphosé des autres. Les autres ne verront plus les choses dans le monde avec la même fureur. Leur regard se transforme. Dès que les autres perçoivent mon estime, leurs yeux commencent à briller. Et ces yeux brillants et joyeux me font du bien. Je sens que je peux transformer les hommes dans mon entourage grâce à mon estime. Je peux créer un nouveau climat tout autour de moi, un climat qui, à moi aussi, me fait du bien et me permet de bien vivre.

C'est ainsi que je vous invite dans ce livre non seulement à réfléchir à la question de l'estime, mais à mettre l'estime en pratique. Je pars d'expériences concrètes pour vous encourager à vous estimer vous-même et à témoigner votre estime aux hommes avec lesquels vous vivez et travaillez. Je ne dis rien de bien nouveau. Je cherche à interpeller ce que votre âme sait depuis longtemps. Nous avons souvent besoin de la parole d'autrui pour nous reconnecter au savoir de notre âme. Si vous mettez ce savoir en pratique, vous ferez vous-même l'expérience de la bénédiction qui émane de l'estime.

Une minute pour moi

Écrasés par la montagne de travail à accomplir, nous ne savons parfois plus par où commencer. Pour y faire face, accorde-toi plusieurs fois par jour une minute pour te demander : « De quoi aurais-je besoin maintenant pour aller bien ? » Même si le temps et la situation ne permettent pas toujours de mettre à exécution ce qui te ferait précisément du bien, de nouvelles occasions se présentent toujours, propices à des « pauses respiratoires ». Emploie ces occasions pour boire une tasse de thé, manger un carré de chocolat, sortir pour te promener ou t'offrir cinq minutes d'oisiveté. Tu sentiras que cet exercice ralentit le quotidien et te permet de mieux écouter tes propres besoins.

Chapitre I

SEUL CELUI QUI ESTIME LES VALEURS PEUT EN CRÉER

Quel rapport existe-t-il entre l'estime et la création de valeur ? Ces deux concepts sont issus de deux domaines bien différents de la vie. Ou peut-être moins différents qu'on ne le pense ?

Le terme allemand *wertschätzen* (estimer) est formé de deux termes, dont le mot *Wert* (valeur). La valeur est liée à la dignité. La dignité de tout être humain est intangible. Celui qui connaît sa propre valeur peut accepter la valeur d'autrui et s'en réjouir. En revanche, celui qui se considère comme dépourvu de valeur ne peut que dévaloriser ou déprécier l'autre. Il ne peut supporter que d'autres hommes aient de la valeur tandis que lui-même n'en possède de toute évidence aucune. L'homme qui connaît sa propre valeur est de grande valeur. À l'inverse, celui qui dévalorise autrui se perçoit lui-même comme dépourvu de valeur.

Il n'y a qu'un pas entre la valeur (*Wert*) et l'évaluation (*Bewertung*). Beaucoup d'hommes s'empressent d'évaluer tout ce qu'ils disent et font, ainsi que tout ce que les autres disent et font. Ils portent sur tout un jugement de valeur. Sur le chemin spirituel, nous devons apprendre à ne pas juger. Cet apprentissage concerne également notre propre attitude, que nous ne devons pas toujours évaluer, mais simplement regarder, considérer sans nous juger.

Celui qui connaît sa propre valeur
peut accepter la valeur d'autrui
et s'en réjouir.

Dans le verbe *-schätzen* se retrouve *Schatz* (trésor). Le terme *Schatz* désigne à l'origine une pièce de monnaie, et par extension les biens et les richesses. Depuis le XVe siècle, nous appelons aussi l'être aimé *Mein Schatz* (mon trésor, mon chéri).

Schätzen signifie à l'origine « estimer, évaluer, juger ». Nous pouvons mépriser quelqu'un, nous pouvons nous tromper sur autrui. Il nous arrive de surestimer un collaborateur. Ou à l'inverse de le sous-estimer.

Werschätzen (estimer) signifie « attribuer une valeur à autrui, le considérer comme de grande valeur ». Celui qui accorde son estime à un être humain décèle en lui un trésor (*Schatz*) doté de valeur y compris pour d'autres hommes. Je peux nommer avec des mots ce trésor que je vois en l'autre et encourager ainsi ses qualités. En lui manifestant de l'estime, je lui permets de croire en sa propre valeur et d'acquérir une plus grande valeur aux yeux de ses semblables. Si à l'inverse je le dévalorise, je le pousse à se sentir dépourvu de valeur. Je lui laisse alors le choix de prouver sa valeur en se singularisant ou de se retirer par manque de confiance en soi.

Le sens de *Wertschätzung* (estime) peut être très différent : « J'estime (*schätze*) les valeurs (*Werte*). » Les valeurs (*Werte*) désignent certaines attitudes de l'homme, certaines vertus. Nommées *virtutes* – littéralement « sources de puissance » – par les Anciens, les valeurs sont l'expression de la dignité humaine. Elles préservent la dignité humaine.

Celui qui estime les valeurs, telles que la philosophie grecque les définit, protège la valeur et la dignité des hommes. En estimant les valeurs, nous faisons preuve d'estime à l'égard de l'être humain. Qui plus est, si nous n'estimons pas les valeurs, nous ne pouvons pas créer de valeurs financières.

L'ESTIME, CRÉATRICE DE VALEURS

Quand j'aborde, lors de conférences, la question de l'importance de se conduire selon des valeurs, d'aucuns disent : « C'est bien beau tout cela, mais l'argent doit tourner rond, ensuite on pourra parler de valeurs. » J'affirme que le contraire est vrai : la création de valeurs suppose l'estime pour exister !

Il ne s'agit pas d'une illusion, mais d'une réalité. De solides études en matière d'économie confirment depuis cette idée, montrant que les entreprises basées à long terme sur les valeurs réussissent davantage sur la durée. De nombreux dirigeants d'entreprises le savent par expérience : baisser sans cesse les prix ne suffit pas à augmenter les bénéfices, il faut satisfaire sa clientèle d'habitués. Les clients ne regardent pas seulement le prix, ils tiennent compte aussi des valeurs : l'honnêteté, la fiabilité, la qualité des produits et des services, l'amabilité du personnel.

Quand je parle des valeurs, je ne cherche pas à moraliser et à dire : « Nous devrions bien plus respecter les valeurs ! » Je cherche bien plutôt à promouvoir les valeurs. Les valeurs confèrent une plus grande valeur à la vie et, à un autre niveau, à une entreprise. Une entreprise qui dédaigne les valeurs est toujours l'expression d'un mépris de soi-même et des hommes. Sur la durée, personne ne voudra travailler dans une entreprise qui ne respecte plus les êtres humains, et l'entreprise ne vaudra plus rien.

L'étymologie recèle une grande sagesse. Souvenez-vous : le terme latin désignant les valeurs (*virtus*) signifie entre autres « source de puissance ». Les valeurs ne sont donc pas seulement un objectif que nous devons poursuivre, mais elles constituent aussi la source qui nous rend puissants. Le terme anglais *value* (valeur) est issu du latin *valere*, qui signifie « être en bonne santé ». D'un point de vue linguistique pur, les valeurs représentent les sources de la santé. C'est en ce sens que je souhaite parler des valeurs.

On parle souvent aujourd'hui de l'évolution des valeurs. Pourtant les valeurs elles-mêmes ne changent pas : seul notre rapport à elles peut évoluer. Quelle est notre position actuelle vis-à-vis des valeurs ? Que signifient les valeurs dans le monde de l'économie et, de manière concrète, dans la gestion des entreprises et des hommes ? Dans quelle mesure les valeurs confèrent-elles de la valeur à la vie et à l'entreprise ?

Peut-être choisirions-nous aujourd'hui d'autres concepts. Je commencerai néanmoins par exposer dans ce chapitre les quatre vertus cardinales développées par la philosophie grecque, puis présenterai les trois vertus théologales. J'adopterai à chaque fois le point de vue suivant: quel rapport ces valeurs entretiennent-elles avec la gestion des entreprises et des hommes, ainsi qu'avec la création de valeurs ?

Renoncer délibérément – savourer consciemment

Il faut parfois attendre qu'une chose manque pour prendre conscience du bien qu'elle nous apporte – et parfois de la dépendance qui nous relie à elle.

Prévois un petit temps de carême. Réfléchis à ce que tu aimes particulièrement faire, à ce que tu aimes particulièrement manger. Puis renonces-y pour les trois prochains jours. Voire, si tu y parviens, pour une semaine entière ?

Puis accorde-toi du temps pour savourer ce à quoi tu as renoncé. Sens-tu combien le goût du carré de chocolat, que tu laisses fondre sur ta langue, est différent et meilleur ? Remarques-tu que le monde n'a pas sombré bien que tu n'aies pas consulté tes mails ?

Mesure combien tes préférences te rendent heureux et combien elles t'emprisonnent.

LES QUATRE VERTUS PLATONICIENNES

Le grand philosophe grec Platon théorisa les principales vertus, que nous connaissons comme étant les quatre «vertus cardinales»: justice, courage, tempérance et prudence.

La justice

La justice constitue chez Platon la première vertu cardinale. La justice signifie tout d'abord: me correspondre à moi-même, mon essence, mon corps, mon âme, mon esprit. Elle signifie vivre bien, avec droiture, non seulement vis-à-vis de moi-même mais aussi vis-à-vis d'autrui. En effet, la justice est aussi sociale, comme l'illustre la locution latine *suum cuique* (à chacun le sien).

La justice signifie tout d'abord:
me correspondre à moi-même, mon essence,
mon corps, mon âme, mon esprit.

Lors d'un cours devant un groupe d'hommes, à la question de savoir quels étaient leurs modèles, un participant répondit: «L'un de mes anciens professeurs représente pour moi un modèle important. Il était très sévère, mais aussi absolument juste.» Que signifie être absolument juste ? Cela revient à viser la juste répartition des biens, l'égalité des chances, la juste récompense, le juste traitement de l'individu. C'est une chose absolument fondamentale. On lit dans la Bible :

« Un fruit de justice est semé dans la paix pour ceux qui produisent la paix[1]. »

Épître de saint Jacques 3,18

Sans justice règnent la discorde, les différends, les jalousies perpétuelles et les déperditions d'énergie en entreprise, ce qui coûte beaucoup d'argent.

La justice englobe la liberté intérieure. C'est seulement à partir du moment où je ne fais pas tout tourner exclusivement autour de moi que je suis capable de rendre justice à l'autre. Si ma propre valeur seule me préoccupe, je m'avère borné et craintif. Le psychiatre munichois Albert Görres dit un jour :

« Certains chefs de service et dirigeants d'entreprise rassemblent autour d'eux des nains admiratifs. »

Mais on ne peut pas attendre de la part de nains admiratifs des résultats géants. Celui qui collectionne les nains admiratifs ne s'entoure pas d'hommes créateurs de grande valeur. Il cherche au contraire des hommes qui se font petits pour que lui-même puisse se sentir grand, au centre, admiré. Une telle attitude conduit à gaspiller le potentiel de création de valeur. Je tins autrefois un cours dans une clinique de psychosomatique à l'attention des thérapeutes, des médecins et du chef de clinique. Le directeur avait fondé cette clinique, son projet avait rencontré une belle réussite. Mais l'homme, narcissique, avait besoin de s'entourer de nains admiratifs et d'être lui-même sans interruption au centre. Les patients l'avaient tout de suite compris. Ils disaient: «En réalité, tu es des nôtres.» La situation aurait pu être drôle si le directeur n'avait pas licencié tous les thérapeutes de qualité, par peur de se voir voler la vedette et de se faire dévorer une part du gâteau de popularité.

Certains psychologues des organisations remarquent qu'en moyenne quarante pour cent du potentiel de création sont gaspillés dans les entreprises à cause de tels jeux immatures. Vous constaterez ici qu'économiser vaut la peine: avant de licencier des collaborateurs et d'exiger des autres un investissement encore plus important, il serait bon de réduire le gaspillage de potentiel et ainsi les pertes diverses et variées, qui sont autant de fruits de l'injustice, du mensonge et de l'immaturité, issus d'une incapacité à rendre justice à l'homme, à se réjouir de la valeur de l'individu.

Être conscient de ma valeur me permet de me réjouir aussi de la valeur des autres. En tant que cadre dirigeant, je n'ai pas besoin d'être partout le meilleur et le plus populaire, car j'ai mes propres qualités. La grandeur de l'homme consiste en sa capacité d'estimer autrui et d'en extraire la valeur. La justice constitue donc la vertu cardinale du commandement.

Le courage

Platon identifie le courage comme deuxième valeur cardinale. Le courage ne constitue pas seulement une valeur pour le soldat, le sportif ou le philosophe, mais pour toute personne dotée de responsabilité, notamment pour tout cadre dirigeant.

Le courage n'est pas l'obstination, mais la motivation à soutenir ce dont je suis convaincu et à accepter le risque d'être attaqué et blessé pour mes convictions. Nous vivons aujourd'hui l'ère du populisme. Nombre d'entre nous s'en remettent complètement aux valeurs d'assentiment, à l'audimat, à la cote de popularité. Voici une nouvelle expression de perte des valeurs : dépourvu de toute valeur à l'intérieur de moi, je dois saisir les valeurs d'assentiment provenant de l'extérieur, même si pour y parvenir je suis obligé de me tordre et si je deviens un caméléon. Ce n'est pas bon pour moi.

Nous pourrions aujourd'hui nommer ce courage « courage civique ». Nous savons combien cette vertu est importante pour notre société. Le courage signifie défendre quelqu'un. Il désigne aussi une position fondamentale qui nous permet de maîtriser la vie.

Je souffre, donc je vaux.

Un livre du philosophe français Pascal Bruckner porte un titre provocant : « Je souffre, donc je vaux[2] ». L'auteur y fustige deux positions de notre époque : l'« infantilisme » et la « victimisation ».

L'auteur désigne clairement ce qu'il entend par infantilisme : l'homme du futur est à ses yeux un bébé géant qui vieillit et nourrit des attentes géantes vis-à-vis des autres, mais qui n'a pas la moindre motivation à se responsabiliser lui-même. Le clergé des juristes se tient à ses côtés – l'auteur exprime cette idée avec toute la perspicacité de l'humour français –, bien plus agressif que ne l'a jamais été le clergé catholique. Celui qui est toujours victime, et certain que seuls les autres sont coupables, défendra son droit avec, à ses côtés, le nouveau clergé agressif, portera plainte contre autrui, réclamera des dommages et intérêts, intentera des procès auprès de tous les tribunaux.

Pascal Bruckner définit la victimisation comme l'attitude suivante :

« Je suis toujours la victime (lat. victima*), les autres sont toujours coupables. »*

À mon avis, de nombreuses entreprises sont amenées à se battre avec cette position. Pour clarifier mon propos, j'emprunterai un exemple à ma pratique professionnelle. Une jeune femme d'une trentaine d'années vint me voir avec son frère âgé de vingt-quatre ans : elle s'inquiétait que son frère ne trouve pas son chemin dans la vie. Ce dernier avait quitté le lycée en onzième[3] pour s'engager dans un apprentissage d'électricien, avant d'interrompre ses études un an après et de commencer une formation de jardinier, pour l'interrompre à son tour au bout d'un an. Je lui demandai : « Pourquoi as-tu abandonné l'école et les formations ? »

Il me répondit : « Ah, les enseignants étaient tellement stupides que je ne pouvais plus le supporter. » Le maître en électrotechnique était terrible, et en jardinage ils étaient aussi tous idiots.

« Quel métier voudrais-tu exercer ? », lui demandai-je.

« Journaliste sportif à la télévision, spécialisé en courses automobiles », me lança-t-il. Il avait déjà écrit à ZDF[4], mais n'avait jamais reçu de réponse.

Que répondis-je à ce jeune homme ? Je lui dis : « Tu dois décider si tu veux toujours rester assis dans le giron de ta mère et accuser le monde de ne pas te donner à toi, jeune homme génialement doué, ce qui te revient de droit. Ou si tu es prêt à sauter dans la vie et à te battre. Cela fait partie de la vie. Celui qui ne veut pas être blessé ne commence pas du tout à vivre. »

Vivre est aussi une partie de lutte, pas un combat contre quelqu'un, mais un combat pour la vie, pour les valeurs, pour ses propres convictions. Voilà de quoi notre époque a besoin. De courage.

La tempérance

La troisième vertu platonicienne est la mesure. « Mesure » ne veut pas dire « médiocrité », mais « trouver la juste mesure ». En tant que bénédictin, j'ajouterai que saint Benoît nomme la tempérance « la mère de toutes les vertus » et qu'il utilise les trois concepts suivants pour désigner la mesure.

• ***Mensura*, la mesure de céréales**

L'image du récipient avec lequel mesurer nous conduit vers plusieurs pistes : manier les ressources du monde avec quelque modération ; croître de façon proportionnée ; éviter la démesure dans la consommation et l'exploitation de la nature. Le développement durable revêt aujourd'hui une importance capitale. Pour éviter l'effondrement, nous pouvons, grâce à des valeurs, exercer une pression qui soit positive.

Saint Benoît nomme la modération « la mère de toutes les vertus ».

J'ai co-écrit un livre avec Jochen Zeitz. Cet ancien président du comité directeur de Puma avait, plusieurs années auparavant, redressé l'entreprise pour la rebâtir sur le respect absolu des principes du développement durable. Puma n'utilise plus aujourd'hui aucun emballage non recyclable. L'entreprise a réduit sa consommation d'énergie de trente pour cent. Des usines neutres en énergie sont planifiées et construites. Jochen Zeitz sait qu'un tel projet coûte de l'argent, il doit investir. Bien entendu, il ne le fait pas de façon totalement désintéressée, il espère en retirer du succès sur la durée. Mais il est avant tout convaincu que de telles mesures sont nécessaires – et j'imagine qu'il peut ainsi en mettre d'autres au pied du mur. Son concurrent Adidas a son siège au même endroit. Il ne peut évidemment pas ignorer les actions de Puma. Quand l'un avance et montre que cela fonctionne, les autres n'ont d'autre choix que de suivre. C'est pourquoi nous ne devons pas seulement attendre les décisions politiques, mais nous poser nous-mêmes la question suivante (et y répondre) : « Comment pouvons-nous prendre avec succès des initiatives qui sont basées sur le bien, sur les valeurs, et qui, même si au début elles coûtent de l'argent, finissent à terme par en rapporter ? »

La notion de démesure au sens de *mensura* revêt encore une autre signification : certains ont des exigences démesurées vis-à-vis d'eux-mêmes. Le psychiatre suisse Daniel Hell dit que la dépression, qui est aujourd'hui la deuxième cause de prescription d'arrêts de maladie, constitue souvent un appel à l'aide lancé par l'âme devant les exigences démesurées que nous nous imposons à nous-mêmes. Devoir être toujours parfait, toujours cool, avoir toujours la pêche, tout voir d'une façon positive, tout avoir toujours bien en main – voici des exigences démesurées que personne ne peut jamais satisfaire. La rébellion de l'âme est positive. Nous ne pouvons pas vivre ainsi sur la durée. Seul celui qui vit avec la bonne mesure peut vivre en bonne santé.

Aujourd'hui beaucoup d'hommes se plaignent d'être sur les genoux. Depuis de nombreuses années, j'accompagne des personnes souffrant de *burn out*, qui disent toujours : « Je suis en *burn out* car j'ai trop travaillé. » Je n'y crois malheureusement jamais, car le travail ne suffit pas à détruire quelqu'un. Le *burn out* a toujours d'autres causes. Il faut chercher par exemple vers la source à laquelle je puise. Est-ce que je puise à la source de la joie, du plaisir, à la source spirituelle, ou bien est-ce que je puise à des sources troubles, comme la source de la pression permanente ?

Bien entendu, toute entreprise subit une certaine pression, mais la question est de savoir comment je gère la pression, si j'y vois de l'émulation ou si cette pression vient de mon modèle (erroné) de vie. Une femme m'a raconté qu'elle s'imposait même une pression quand elle repassait: elle devait à tout prix terminer son linge dans un temps imparti. Je connais un prêtre qui se met sous pression dans tout ce qu'il entreprend, car il pense que chacun doit trouver ses actions parfaites. D'autres se demandent constamment ce que les autres pensent d'eux. On peut s'imposer une pression pour tout. Si un tel modèle de vie s'applique à une situation économique qui exerce une pression supplémentaire de l'extérieur, il ne reste plus qu'un pas avant d'en arriver au *burn out*.

Autre cause du *burn out*: le fait d'avoir besoin de trop d'énergie pour garder sous clé ce qu'on ne veut pas admettre. Une femme me dit: «Je ne peux pas me calmer, un volcan monte en moi.» Celui qui vit avec une telle image dépense beaucoup d'énergie pour sans cesse endiguer le volcan, et cette énergie utilisée manque au travail ou dans la vie. Certains hommes conduisent pour ainsi dire tout au long de leur vie avec le frein à main, ce qui leur demande une énergie telle qu'il ne leur en reste plus pour la conduite elle-même.

D'autres hommes se sous-estiment, ne s'engageant dans aucune démarche qui leur permettrait de se démarquer. En économie d'entreprise, on rencontre les notions d'*input* et d'*output*. Certains collaborateurs s'étouffent à force de subir l'*input*. Ils ont beaucoup de besoins, mais rien ne passe, rien n'en ressort. Avec la juste mesure, quelque chose s'enclenche, qui contient une dimension de dévouement : « Je me consacre au travail, aux hommes. »

J'évoquerai à ce sujet un beau poème d'Erich Fried :

Petit exemple

La vie non vécue, elle aussi,
se termine
certes peut-être plus lentement
comme la batterie
d'une lampe de poche
que personne n'utilise
Mais cela n'aide pas beaucoup :
Si l'on (disons-le)
veut allumer
cette lampe de poche
après tant et tant d'années

plus une once de lumière n'en sort
et si tu l'ouvres
tu trouves seulement tes os
et, si tu n'as pas de chance, tes os
déjà tout rongés
Tu aurais pu
tout aussi bien
briller[5].

De peur de consommer son énergie, plus d'un homme n'osa jamais de toute sa vie briller, devenant l'éternel insatisfait, regrettant que rien ne sorte de lui et que sa vie soit privée de lumière. Voici ce que signifie *mensura* : à quelle source est-ce que je puise, est-ce que je connais ma mesure et mes limites ?

• ***Temperatio*, la juste mesure**

Le deuxième mot qu'utilise saint Benoît pour désigner la mesure est *temperatio* – dont la racine est le mot latin *tempus* (le temps). Il s'agit aussi de trouver la juste mesure du temps. Le thérapeute suisse Carl Gustav Jung écrivit :

« Celui qui travaille en rythme
peut travailler efficacement[6]. »

La nature possède son propre rythme, chacun de nous a un rythme biologique propre, que nous devons respecter. Beaucoup d'hommes pensent que, s'ils se dépassent et se surpassent, ils obtiendront de meilleurs résultats. Le directeur d'une grande banque me raconta que les réunions que tient son supérieur hiérarchique durent souvent dix heures d'affilée – que peuvent donc donner des réunions de dix heures, si ce n'est peut-être de l'agressivité ?

Si je ne travaille pas en rythme, je dépense une énergie énorme. Travailler en rythme est bien plus efficace, c'est bon pour l'homme et plus durable. Les rituels constituent un moyen important de percevoir le rythme, de percevoir son propre rythme biologique. Les Grecs anciens disaient que les rituels créaient une époque sainte. Le mot « saint » désigne ici ce qui se soustrait au monde, ce qui m'appartient, ce dont personne ne peut disposer.

Chacun de nous doit satisfaire des attentes : les attentes de notre employeur, de nos collègues, de notre famille, de l'Église ou d'autres groupes importants dans notre vie. Nous subissons toujours la pression de l'attente. Mais si je ne fais que satisfaire les attentes d'autrui, je deviens amer.

Les rituels représentent un contrepoids. Dans le rituel je vis moi-même, au lieu de subir la vie. Le temps saint du rituel m'appartient. Si par exemple je démarre la journée avec une chose qui me procure du plaisir et qui me permet de respirer à pleins poumons, je peux alors entrer en contact avec mes sources intérieures, je peux alors puiser des forces.

Les rituels servent également à réussir des transitions, à fermer une porte et à en ouvrir une autre. Ce problème se pose à beaucoup de personnes quand elles rentrent chez elles le soir : leur famille a certaines attentes à leur égard, mais elles-mêmes ne sont pas du tout présentes. Elles sont restées en pensée au travail, elles n'en ont pas encore fermé la porte. « Je dois pourtant refermer cette porte, sur le chemin du retour ou au plus tard quand je pousse celle de la maison. Je dois laisser le travail et ses problèmes sur le palier si je veux être présent là où j'entre. »

La philosophie contemporaine qualifie de « multitâches » ceux qui font tout en même temps : ils se promènent, tout en téléphonant et en retirant de l'argent. Une telle capacité a l'air pratique, mais, paradoxalement, ces hommes ne sont jamais nulle part. Ils n'arrivent jamais nulle part, ils ne sont jamais là où ils sont, mais toujours ailleurs, et ce n'est pas bon pour l'âme.

À l'issue d'une conférence que je consacrai un jour à ce sujet à l'université, j'échangeai quelques mots avec le recteur et son épouse. La femme dit à son mari: «As-tu bien écouté ce qu'a dit le père Anselm? Je t'ai déjà souvent dit que, quand tu es assis dans le salon, j'aimerais bien parler avec toi et non avec toute l'université.» Il se peut que votre femme ou votre mari n'ait pas toujours envie de discuter avec tout le personnel de votre entreprise, mais seulement avec vous. Je dois absolument fermer les portes pour être là où je suis.

• *Discretio*, l'art de la distinction

Le troisième mot utilisé pour désigner la mesure est le terme latin *discretio*, à savoir le don de la distinction. Saint Benoît exige cette vertu, en particulier de l'abbé. Il écrit:

«... qu'il use de discernement et de modération, se rappelant la discrétion du saint patriarche Jacob, qui disait: Si je fatigue mes troupeaux en les faisant trop marcher, ils périront tous en un seul jour[7]*.*
Mettant donc à profit cet exemple et d'autres

semblables sur la discrétion, qui est la mère des vertus, il mettra de la mesure en toutes choses, de telle sorte que les forts désirent faire davantage, et que les faibles ne soient pas tentés de fuir[8]. »

La règle de saint Benoît 64, 18-19

Discretio est un don que Dieu nous offre. Elle est aussi une vertu dont nous devons faire preuve. Il nous faut développer une intuition pour ce que nous pouvons exiger de l'individu. Les forts et les faibles ne doivent pas être nivelés. Au contraire, les forts peuvent encore mieux déployer leur force si les faibles ne sont pas découragés. Les forts et les faibles gagneraient à se compléter mutuellement au lieu de se paralyser les uns les autres.

Pour celui qui dirige, la *discretio* est la valeur consistant à découvrir la mesure juste pour chaque collaborateur et chaque collaboratrice. Dans cette perspective, loin de paralyser les collaborateurs, je les encourage. J'éveille les capacités enfouies en eux. J'encourage la valeur que possède chaque individu. Chacun, le fort comme le faible, possède ses propres forces. Ce qui, au premier coup d'œil, nous paraît faible cache aussi une force. Et ce que nous considérons comme fort revêt aussi une part de faiblesse.

Il s'agit par conséquent d'harmoniser chez tous les hommes les forces et les faiblesses et de faire en sorte que les forces servent à la communauté sans que les faiblesses ne la paralysent.

La *discretio* crée un climat favorable aux forts comme aux faibles, constituant une bénédiction pour chaque individu comme pour la communauté entière. La *discretio* est véritablement la mère de toutes les vertus. D'elle dépend le fait que nous réussissions notre propre vie et que, autour de nous, nous éveillions la vie ou bien que nous la paralysions.

La prudence

La quatrième vertu platonicienne est la prudence, à savoir la capacité à sentir ce qui est réalisable, ce qui est sage dans une situation donnée. Thomas d'Aquin soulignait que le mot latin *prudentia* (sagesse) venait de *providentia* (prévoyance).

Est prudent celui dont l'horizon est vaste et qui peut par conséquent décider avec clairvoyance. Les hommes sages flairent ce qui est possible et ce qui est judicieux. Ils n'aspirent pas toujours au meilleur, car le meilleur n'est pas toujours bon pour l'homme.

Est prudent celui dont l'horizon est vaste et qui peut par conséquent décider avec clairvoyance.

Qu'est-ce qui est prudent, à cet instant précis ? Pour le savoir, j'ai besoin d'un horizon vaste, j'ai besoin de *sapientia*, de sagesse, mot issu de *sapere* (plaire, savourer, comprendre). Dans la Rome antique, on disait prudente la personne capable de goûter et de distinguer les goûts, capable aussi de s'apprécier elle-même. Encore aujourd'hui nous parlons d'une discussion qui laisse un arrière-goût amer ou fade. Si je parviens à savourer ma propre personne et à me comprendre, un élément positif se dégage de moi.

Telles sont les quatre valeurs cardinales développées par la philosophie grecque. Je pense qu'elles valent encore aujourd'hui, à condition simplement d'être réactualisées en permanence. Je leur adjoindrai les trois vertus théologales, dont je ne parlerai pas sur un plan théologique mais sous l'angle de la gestion d'entreprise.

LES TROIS VERTUS THÉOLOGALES

Dans un style inimitable, saint Paul, dans sa célèbre première épître aux Corinthiens, mit en scène les valeurs théologales que sont la foi, l'espérance et la charité:

« Maintenant donc demeurent foi, espérance, charité, ces trois choses, mais la plus grande d'entre elles, c'est la charité. »

Première épître aux Corinthiens 13, 13

Ces lignes sont bien plus que de belles paroles romantiques composées pour les mariages – ces valeurs gardent toute leur signification dans la vie quotidienne familiale et économique.

La foi

Il va de soi que la foi est la première valeur fondamentale pour les chrétiens. Peut-être vous demandez-vous: « Quel rapport peut-il bien avoir entre la foi et la gestion? » Je citerai ici trois aspects de la foi.

- **La foi rend libre**

Celui qui croit sait la chose suivante: « Je suis

porté. » La foi décharge. La justesse d'une décision que nous avons prise ne dépend pas seulement de nos réflexions, de notre intelligence. Le fait que ma décision ou que l'œuvre de mes mains soit une bénédiction ne dépend pas seulement de moi, mais aussi de la grâce de Dieu. Avoir la foi, c'est avoir confiance en Dieu qui bénit mes actions.

Croire décharge. Au lieu de ressasser sans cesse la question de la justesse de mes décisions et de leurs conséquences, je laisse Dieu s'en charger. Nous ne devons pas pour autant nous rendre la partie facile, ne pas penser et ne pas agir. Je fais ce que je peux, mais je ne ressasse pas mes actes de façon incessante et stérile. La foi offre une liberté et une indépendance intérieures. Si je place ma liberté en Dieu, je n'ai nul besoin de m'en remettre à l'avis des hommes et de m'y conformer pour agir.

• Croire signifie avoir confiance

Croire en Dieu comme le créateur de toutes choses se traduit par la foi en l'homme, en tant que créature de Dieu. Saint Benoît nous dit de voir en tout homme le Christ, de voir en tout homme son frère, en toute femme sa sœur. Nous ne devons pas pour autant porter des lunettes roses et trouver chacun gentil et sympathique. Non, je vois l'homme comme il est, avec ses mauvais côtés et ses défauts, mais je ne lui en tiens pas rigueur. Je crois au bon fond, et c'est précisément parce que je crois au bon fond que je peux voir et éveiller le bien en l'homme.

Vous le savez sûrement: des dirigeants d'entreprise méfiants, qui ne voient que le mauvais, n'éveillent aucune vie ni aucune créativité chez leurs collaborateurs. À l'inverse, ils poussent les hommes à se retrancher derrière des règles et derrière le «service conforme au règlement», et à essayer de se protéger eux-mêmes intérieurement. Seule la confiance me permet d'éveiller vie et créativité.

C'est précisément parce que je crois au bon fond que je peux voir et éveiller le bien en l'homme.

La confiance permet aussi d'économiser de l'énergie. Dans notre société actuelle, tout se colore toujours davantage du sentiment de peur. Notre société a le gros défaut de tout contrôler et d'établir pour tout un procès-verbal, afin de se prémunir contre les accusations et les reproches. Les médecins et les infirmiers sont ainsi obligés de gaspiller trente pour cent de leur temps et de leur énergie à se conformer au protocole.

Par exemple, depuis le 1er janvier 2010[9], une funeste loi impose aux conseillers bancaires d'établir le procès-verbal de chacune de leurs conversations avec leurs clients. Le conseiller doit signer un papier afin que je puisse à n'importe quel moment lui prouver qu'il m'a mal conseillé. Je ne marche pas avec une telle absurdité bureaucratique. Je me suis enregistré comme investisseur professionnel, car je ne suis pas prêt à obéir à n'importe quelle directive étrange qui coûte de l'argent et transpire la peur. La peur coûte de l'énergie, énormément d'énergie.

Dans beaucoup d'entreprises, les contrôles sont permanents, n'apportant rien de nouveau, mais nourrissant le faux espoir qu'aucune erreur ne pourra être commise. C'est une erreur de penser que le contrôle permettrait d'éliminer les fautes. Vous pouvez le lire chaque jour dans le journal : malgré les protocoles mis en place dans la construction de l'ICE reliant Munich et Nuremberg, le travail fut très largement bâclé. La centrale nucléaire de Fukushima fut contrôlée et le contrôle consigné – vous savez quelle en a été l'efficacité. Citons encore la crise financière.

Chaque banque et chaque société d'investissement était dotée de son expert-comptable, tout était soumis à un protocole, et quel fut le résultat ?

Croire et faire confiance ne signifie pas être crédule, mais créer une atmosphère dans laquelle les hommes peuvent se fier les uns aux autres. La confiance génère de l'énergie, elle permet de travailler de manière sensée et efficace.

• **Croire forge la langue**

Citons le poète juif Paul Celan :

« Il n'existe aucune croyance sans langue et aucune langue sans croyance[10]*. »*

De nombreuses entreprises emploient une langue très agressive. Pensez simplement au fait qu'on attaque la concurrence, qu'on la combat et qu'on cherche à l'évincer. Au sein même des entreprises, on emploie souvent une langue qui évalue, condamne, blesse, une langue froide et réprobatrice. Une langue froide conduit les hommes à se refermer sur eux-mêmes, car personne ne veut se refroidir au contact de ma froideur.

L'évangéliste Luc décrit la Pentecôte comme un événement linguistique : l'Esprit saint s'embrase, une étincelle jaillit, de la chaleur se dégage. Les Pères de l'Église dirent :

« La langue bâtit une maison. »

En employant une langue distraite, blessante, réprobatrice, méprisant le genre humain, je construis une maison dans laquelle je ne suis pas chez moi et dans laquelle je ne veux pas demeurer. À l'inverse, une langue plus chaleureuse crée un foyer et rend les hommes plus ouverts. Une langue qui vient du cœur crée des liens et éveille de l'énergie en l'homme.

J'ai donné de nombreux cours pour Daimler S.A. Quand j'abordai la question de la langue, les managers me dirent : « Vos propos se tiennent. Nous avons plaisir à travailler avec les chefs dont la langue est plus chaleureuse. Nous nous protégeons de ceux dont la langue est froide, évitant de nous en approcher de trop près et de risquer de nous blesser. » L'un des managers raconta même : « Notre chef emploie une langue chaleureuse quand il s'adresse à l'extérieur, mais il peut tout autant l'utiliser pour effacer un adversaire. Dans notre service circule le méchant dicton : *« Il te roulera tellement dans la farine que tu prendras le feu de la discorde qui en naîtra pour la chaleur du foyer. »* Ce cas faisait bien heureusement figure d'exception. Ce n'est pas de ce type de discours « chaleureux » dont je parlais.

Je citerai ici un autre exemple. Dans une fondation chrétienne, je donnai un cours consacré au thème « Gérer une structure selon les valeurs chrétiennes ». Au début, tous les auditeurs se montrèrent enthousiastes – « Il va de soi que nous gérons la fondation conformément aux valeurs chrétiennes ! » –, mais la question de la langue donna lieu à un débat passionné. Une femme, cadre dirigeant, dit : « En toute honnêteté, si dans ce cercle je parlais avec le fond de mon cœur, je ne serais certainement pas entendue. C'est seulement quand j'emploie la langue froide du *business* que l'on m'écoute. » Au cours de la discussion, les participants durent admettre que, malgré leur souhait de diriger la fondation selon les valeurs chrétiennes, ils avaient une manière de parler fondamentalement non chrétienne.

Que notre langue vienne de la foi ne dépend pas de notre confession religieuse, mais du fait que nous parlions à des hommes, à propos d'hommes, avec des hommes. De nombreux hommes formulent des paroles pieuses tout en parlant une langue qui méprise le genre humain, qui évalue et juge. Quelle maison bâtissez-vous avec la langue que vous parlez ?

L'espérance

L'espérance est la deuxième valeur théologale. L'espérance diffère de l'espoir. Les attentes peuvent être déçues. Si vous nourrissez des attentes particulières en matière de succès professionnel ou vis-à-vis d'un collaborateur, vous risquez d'être déçu. L'espérance ne peut pas être déçue. Le philosophe français Gabriel Marcel dit :

« L'espérance signifie que j'espère pour toi et en toi[11]. »

Je n'espère pas des choses précises. L'espérance est toujours personnelle, j'espère pour toi et je place mon espérance en quelqu'un. Saint Paul dit :

« Nous espérons ce que nous ne voyons pas[12]. »
Épître de saint Paul aux Romains 8, 25

Celui qui espère peut attendre, il peut aussi attirer la vie. Nul ne peut être père ou mère sans espérance, nul ne peut diriger une entreprise sans espérance. C'est seulement là où il y a de l'espérance que quelque chose peut naître, que quelque chose peut grandir. Le poète italien Dante Alighieri dit :

« Là où il n'y a aucune espérance, c'est l'enfer[13]. »

Citons également le philosophe athée Ernst Bloch, dans son célèbre ouvrage intitulé *Le Principe espérance* :

« Les choses ne prennent de la valeur que quand l'espérance y est tissée[14]. »

La qualité d'un bâtiment architectural ne dépend pas seulement du design et de la statique, mais du fait que cette construction soit celle d'une espérance.

Je pense que cette idée vaut pour toute entreprise: avec notre prestation de services, notre administration, nos produits, nous devons transmettre de l'espérance. Nos produits transmettent-ils de l'espérance? Espérance de fiabilité, de sécurité, de qualité de vie? Transmettons de l'espérance à nos clients quand nous les conseillons. Pour y parvenir, nous devons sans cesse apporter de la fantaisie, trouver de nouvelles solutions et avoir le courage de sortir des sentiers battus. Basons sur l'espérance ce que nous produisons, ce que nous faisons et notre rapport aux hommes. La valeur de notre vie en sortira grandie.

La charité

La plus haute valeur théologale est la charité. Cette phrase semble encore une fois très pieuse, mais je présenterai également la charité comme une *virtus*, une source de puissance.

Voici un exemple: si vous entrez en réunion avec les cadres dirigeants de votre entreprise ou avec vos collaborateurs en ayant un sentiment comme «quelle horreur, voilà que je dois encore me chamailler avec tous ces chicaneurs et ces pédants», vous pouvez être certain de souffrir d'une migraine au bout de deux heures. Si en revanche vous pensez: «Ils ne sont pas tous faciles, mais je les aime bien et j'apprécie de travailler avec eux», vous constaterez soudain que vous vous renvoyez les idées comme on se renvoie des balles et au bout de deux heures vous sortirez rafraîchi de votre meeting. Les valeurs sont des sources de puissance.

En psychologie, on parle de «sources d'énergie» et de «voleurs d'énergie». Une réunion à laquelle je me rends avec une «fondamentale bienveillance» me procure de l'énergie. En revanche, une réunion pendant laquelle chacun s'oppose à l'autre et chacun méprise l'autre est un voleur d'énergie. Malheureusement ces brigands sont très actifs dans nombre d'entreprises.

Chaque homme possède
ses valeurs, ses sources de puissance,
implantées dans son âme.

Vous voyez qu'il ne faut pas suivre les valeurs par mauvaise conscience. Mon intention n'est pas de vous donner mauvaise conscience – cela ne vous apporterait rien, et à moi non plus. Je n'ai rien dit de nouveau, je souhaiterais simplement vous mettre en contact avec ce que vous avez déjà en vous. Chaque homme possède ses valeurs, ses sources de puissance, implantées dans son âme. Il nous faut simplement nous souvenir que ces vertus se trouvent en nous et être encouragés à les mettre en pratique.

Remémorez-vous les postes qui vous ont touché, pour lesquels vous saviez dire : « Voilà ma valeur, ma source de puissance. » Vous pouvez vous fier à ces valeurs-là. J'estime fondamental, précisément pour notre économie des classes moyennes, de préserver ces valeurs. Les valeurs confèrent une plus grande valeur à votre vie, à la coopération et à terme à votre entreprise. Que vos valeurs constituent toujours des sources de puissance auxquelles puiser afin de représenter, avec votre valeur et la valeur créée par votre travail, une bénédiction pour les hommes.

L'espace sacré

Tends tes bras vers le ciel, puis laisse-les tout doucement descendre jusqu'à ta poitrine. Prête une attention consciente à tes gestes et perçois le sentiment que tu éprouves.

Ressens la puissance de Dieu qui te mène à ton espace sacré intérieur. Laisse-toi emmener dans ce lieu saint et sens en toi Dieu lui-même. Il habite en toi dans cet espace. Entrevois que tu es exactement toi-même là où Dieu est en toi.

Chapitre II

L'ESTIME INSPIRE LES HOMMES

L'estime de l'homme signifie concrètement: je reconnais à l'autre sa valeur. Je ne compare pas sa valeur à celle d'un autre. J'estime sa valeur dans son caractère unique. Il est un homme de valeur. Sa valeur consiste en son unicité. Chaque homme est extraordinaire, unique en son genre. Pour nous, chrétiens, chaque homme est un mot unique, que Dieu prononce seulement en parlant de cet homme précis. La dignité de l'homme consiste en fin de compte en ce qu'il exprime dans ce monde quelque chose de Dieu que lui seul peut exprimer.

L'estime ne revient pas à évaluer l'homme. Nous sommes toujours prompts à évaluer l'autre, à émettre un jugement de valeur. Nous jugeons si sa valeur est plus ou moins grande. Cependant un tel jugement de valeur ne nous appartient pas. Estimer n'est pas un jugement, mais l'expression de ma reconnaissance, en chaque homme, d'une dignité intangible. Le problème est que nous dévalorisons souvent autrui, en particulier quand nous doutons de notre propre valeur. Celui qui se voit comme dénué de valeur doit sans cesse prouver sa valeur. Il doit se tenir au centre afin que les autres l'estiment. Et il doit dévaloriser les autres pour se revaloriser lui-même.

L'estime de l'homme signifie :
j'estime sa valeur dans son caractère unique.
Il est un homme de valeur, un homme unique.

L'estime commence par la vue. Je regarde autrui avec les yeux de la foi. Je ne le réduis pas à ce que je vois. Je vois au fond de son âme et découvre en lui la valeur intangible qu'il possède en tant qu'être humain. Saint Benoît nous exhorte, nous les moines, à voir Jésus-Christ en l'autre, à découvrir le bon fond de chaque homme. Croire est avant tout une nouvelle façon de voir : je vois la valeur d'autrui, je vois le bien en l'autre.

Il faut traduire une telle foi en paroles, en recourant par exemple à la louange. Croire et louer ont pour racine commune *liob* (bien). Quand je crois, je vois le bien et quand je loue, je nomme le bien. Ainsi le bien devient-il objet d'expérience possible pour celui qui parle, mais aussi pour celui qui est loué. Il devient aussi objet d'expérience possible pour le groupe. Le fait d'interpeller la bonté en l'homme au sein d'un groupe a des répercussions sur le groupe lui-même. À l'inverse, celui qui ne considère jamais que le négatif en l'homme exerce une influence, tire le groupe vers le bas et réprime ses membres.

La bénédiction permet, elle aussi, d'exprimer les valeurs avec des mots. « Bénir » signifie en latin *benedicere* (*bene* = bien, *dicere* = dire). Il s'agit donc d'abord de dire quelque chose de bien, de parler bien à l'homme et au sujet de l'homme.

Beaucoup d'hommes se sentent aujourd'hui maudits. Enfants, ils entendaient déjà des paroles négatives : « Tu es impossible. Avec toi, personne ne peut tenir le coup. Tu n'es pas bien. Tu représentes un fardeau pour nous. »

Celui qui a entendu de tels jurons rêve de paroles élogieuses, que lui prodiguerait un homme, et rêve de paroles élogieuses, que Dieu prononcerait à son sujet. Lors du baptême, Dieu prononce à notre sujet ces grands mots élogieux :

« Tu es mon Fils bien-aimé, tu es ma Fille bien-aimée. Tu as toute ma faveur[15]. »

L'Évangile selon saint Mathieu 3, 17

Quand j'estime quelqu'un, je le bénis. Je lui prodigue des paroles de bonté. Mes paroles positives, si elles sont fondées, trouvent écho dans l'âme d'autrui, elles font résonner en lui les bonnes cordes et représentent une bénédiction. Mon estime est source d'inspiration, mon vis-à-vis en sort ragaillardi et enthousiaste.

Regarder dans le miroir

Accorde-toi un peu de temps aujourd'hui pour observer de près ton visage dans le miroir. Qui vois-tu ?

Es-tu la personne qui te regarde, ou bien es-tu ton rôle de mère ou de père, de compagne ou de compagnon, d'active ou d'actif ?

Comment ton visage a-t-il changé depuis la dernière fois que tu l'as observé attentivement ?

Essaie de découvrir trois choses qui te plaisent vraiment en toi. Prends conscience également de ce que tu n'aimes pas trop, tout en essayant de l'accepter sans te condamner.

Incline-toi avec estime devant ton reflet et tâche d'emporter pour la journée ce respect de toi-même.

Chapitre III

CE QUE L'ESTIME PROVOQUE SUR SON BÉNÉFICIAIRE

Une belle histoire biblique raconte l'exhaussement de l'homme : la parabole de la guérison de la femme courbée :

« Or il enseignait dans une synagogue le jour du Sabbat. Et voici qu'il y avait là une femme ayant depuis dix-huit ans un esprit qui la rendait infirme ; elle était toute courbée et ne pouvait absolument pas se redresser. La voyant, Jésus l'interpella et lui dit : Femme, te voilà délivrée de ton infirmité ; puis il lui imposa les mains. Et, à l'instant même, elle se redressa, et elle glorifiait Dieu. »

L'Évangile selon saint Luc 13, 10-13

Dans la synagogue est assise une femme depuis longtemps si infirme qu'elle n'est plus capable de marcher sans se courber. Elle ne parvient plus à se tenir debout toute seule. La vie l'écrase et la cache. La femme se laisse courber. Elle ne perçoit pas sa propre dignité. Jésus guérit cette femme en quatre phases :

• **La première phase** de la guérison est le regard que porte Jésus vers cette femme prisonnière d'elle-même, lui accordant une certaine considération. Offrir de la considération signifie estimer.

• **La deuxième phase** est le moment où Jésus adresse la parole à cette femme. Le mot grec *prosphonein* signifie « parler avec quelqu'un à hauteur de ses yeux ». Jésus ne lui parle pas d'en haut. Il ne lui fait pas la leçon, il ne lui montre pas ce qu'elle doit faire. Il engage un dialogue avec elle. Il la prend au sérieux.

• **La troisième phase** correspond à l'engagement : « Femme, te voilà délivrée de ton infirmité » (L'Évangile selon saint Luc 13, 12). Jésus promet quelque chose à la femme. Il lui promet la guérison et la Rédemption. Il lui parle de ce qui, quoique caché en profondeur, est déjà en elle : ce qui est libre et délivré, fort et puissant, indemne et entier. Il la met en contact avec sa propre puissance et avec sa propre dignité de femme, qui est saine, entière et libre.

• **Dans la quatrième phase,** Jésus pose ses mains sur elle pour laisser sa propre puissance affluer en elle. Il lui fait prendre part à sa puissance, à son esprit. Autrement dit : Jésus touche la femme pour qu'elle puisse entrer en contact avec elle-même, avec sa propre puissance et sa propre dignité.

Ces quatre phases donnent à la femme courbée la force de se relever et de louer Dieu. Jésus adapte son action à la situation précise de la femme. Il définit les étapes de la thérapie en réaction à sa maladie. Jésus fait exactement ce dont cette femme a besoin pour se tenir debout toute seule et pour se relever de son infirmité.

Il renonce ainsi à recourir à quelque méthode technique pour résoudre l'infirmité. C'est parce que Jésus la regarde, lui adresse la parole et la touche, qu'elle entre en contact avec elle-même, avec sa propre puissance et ses propres possibilités. C'est ainsi que la femme se relève elle-même. Elle, qui était prisonnière d'elle-même, sent sa propre capacité à se tenir droite. Elle se lève, se tient seule et loue Dieu.

Son atroce infirmité lui avait aussi fait perdre sa relation à Dieu. À présent, elle loue Dieu. À présent, elle agit comme le doit l'homme le jour de Sabbat. À présent, elle est la femme telle que Dieu l'a conçue lors de la Création : dotée de dignité, droite et en relation avec elle-même, avec les hommes et avec son créateur.

Tel est l’effet que provoque l’estime sur son bénéficiaire : réconfortant, libérateur, en tant qu’il rétablit la dignité. Qui plus est, l’estime rétablit des relations non seulement entre le donneur et le bénéficiaire, mais aussi entre le bénéficiaire et le reste de son univers.

Être attentif et précautionneux dans ses paroles

Si les paroles peuvent blesser, elles peuvent aussi guérir.

Observe ta langue avec pleine conscience. Prête attention à l'effet que tes paroles exercent sur d'autres hommes et à l'effet que les paroles des autres exercent sur toi.

Quand tu parles aujourd'hui, réfléchis à ce que tu souhaites obtenir par tes paroles et demande-toi si tu y parviens. Essaie de choisir tes mots de façon réfléchie et de ne pas dire par inadvertance des choses que tu ne penses pas. Si tu as l'impression que les autres ne disent pas ce qu'ils pensent, demande-leur des précisions.

Puis essaie de procurer du bien aux autres et à toi-même avec tes paroles. Tu atteindras ainsi une communication réussie.

Chapitre IV

ATTITUDES D'ESTIME

Celui qui souhaite témoigner son estime à quelqu'un se doit d'adopter certaines attitudes particulières. Il doit prendre le bénéficiaire de son estime en considération, le respecter et le traiter de manière polie et positive. Ces conditions sont indispensables pour qu'il puisse manifester une estime à même de revigorer son interlocuteur.

LE RESPECT

L'attitude de respect à l'égard d'autrui témoigne de l'estime que vous lui portez. Le terme « respect » désigne avant tout la considération de l'autre. Le respect sert parfois aussi à nommer le sentiment de déférence voire de timidité éprouvé face au secret d'autrui. Le mot « respect » est issu du latin *respicere*, qui signifie « regarder en arrière, regarder sans cesse ». La traduction littérale de « respect » serait alors « regard en arrière ». Mais le terme allemand *Rücksicht* revêt aujourd'hui une autre signification[16].

Au sens de « regarder encore en arrière », le respect signifie : je ne me fie pas au premier regard que je porte sur l'autre. Je ne catalogue pas un homme d'après ma première impression. Je regarde encore une fois. J'essaie de regarder de plus près et de déceler la valeur d'autrui.

Le respect signifie que je ne catalogue pas un homme d'après ma première impression, je le regarde sans préjugés.

Et je regarde en arrière. Je me tourne vers l'autre. Je le regarde encore une fois pour lui parler en toute tranquillité. Je reviens sur mon premier regard pour porter vers l'autre les yeux de la foi. Je reviens sur mes préjugés pour essayer de regarder l'autre sans préjugés, avec des yeux dirigés consciemment vers sa valeur.

Nous avons tous en nous des yeux impitoyables, qui évaluent, classent, cataloguent rapidement l'autre d'après une image précise. S'exercer au respect signifie revenir sur tous ces jugements, revenir sur ses propres manières de penser, pour porter un nouveau regard attentif sur l'homme qu'est vraiment cette personne unique.

LA POLITESSE

L'attitude de politesse (*Höflichkeit*) décrit à l'origine le comportement requis à la cour (*Hof*). La cour n'est pas ici la ferme (*Bauernhof*), mais la cour (*Hof*) du roi ou de l'empereur. « Poli » signifie donc « adapté à la cour, fin, cultivé et bien élevé ». Le terme allemand *Höflichkeit* revêt la signification complémentaire de « prévenant » : j'ai un sens de l'autre. Mon comportement est conforme aux attentes de la cour royale. Je traite les hommes de mon entourage comme des hommes royaux dotés d'une dignité intangible. C'est pourquoi la politesse exprime toujours l'estime.

Dans son ouvrage intitulé *Morale au-delà des interdits*[17], Romano Guardini consacre un chapitre entier à la politesse. Selon lui, la politesse est liée à la culture :

« La culture ne commence pas avec le fait d'importuner et de toucher, mais avec le fait d'enlever ses mains et de s'écarter. La politesse crée un espace de liberté autour de l'autre, le préservant d'une proximité oppressante et lui donnant son propre air. Elle reconnaît le bien en l'autre et lui permet de sentir combien c'est apprécié. Elle tait ses propres qualités, les met de côté pour qu'elles ne le découragent pas. La politesse s'applique à écarter ou à surmonter ce qui est fâcheux, à éviter l'embarras, à épurer des situations compliquées, à réduire la peine. Elle amena le plus jeune à honorer son aîné,

le mari à honorer sa femme, l'homme plus fort à honorer le plus faible.»

Romano Guardini

Guardini conclut son étude consacrée à la politesse par une réflexion sur la dignité, qui n'est pas accordée à une chose, mais seulement à une personne, à la personne humaine:

«Nous attirerons l'attention des lecteurs sur un dernier point: la politesse est une belle chose, qui embellit la vie. Elle est une «forme» – une attitude, un geste, un acte –, qui ne remplit pas seulement une fonction, mais exprime un sens ayant une valeur intrinsèque: celui de la dignité humaine.»

Romano Guardini

LA GRATITUDE

La gratitude est une attitude humaine fondamentale. L'homme reçoit avec gratitude de Dieu tout ce qu'il vit. Il remercie Dieu pour ses dons. Concernant l'estime, la gratitude désigne une attitude à l'égard de l'homme : je suis reconnaissant envers les hommes avec lesquels je suis. Et j'exprime cette attitude de gratitude en remerciant l'autre. Je le remercie pour ce qu'il fait ou a fait pour moi ou pour l'entreprise. Je le remercie aussi d'être là et d'être comme il est.

Remercier l'autre est aussi une manière de l'accepter sans condition. Quand je le remercie d'être là en tant qu'être humain, y compris pour moi, près de moi, mon attitude ne répond pas au sentiment que quelque chose avec lui ne va pas, ou à l'attente qu'il change. En le remerciant, je reconnais sa valeur et laisse cette valeur être là pour moi.

« Remercier » (*danken*) vient de « penser » (*denken*). Celui qui pense avec justesse est reconnaissant. Il remercie son semblable pour ce qu'il représente à ses yeux. Tout homme est aussi un cadeau que Dieu nous offre. Grâce à chaque être humain, nous apprenons du nouveau. En le rencontrant, nous nous transformons nous-mêmes. Les premiers ordres monastiques s'exerçaient à montrer leur gratitude vis-à-vis de ceux avec qui les rapports étaient difficiles : « Je remercie celui qui m'énerve. »

Comme le disaient les moines, mon semblable difficile démasque mes côtés d'ombre. Il me force à travailler sur moi-même, à devenir plus patient, plus doux et plus gentil. Mon semblable difficile constitue pour moi un défi, qui finit par me faire du bien. Remercier pour son semblable difficile représente une forme d'acceptation inconditionnelle. Dans une telle atmosphère d'acceptation inconditionnelle, l'autre peut changer sans s'y sentir obligé.

L'attitude de gratitude à l'égard de l'homme exprime : je suis reconnaissant envers les hommes avec lesquels je suis.

Voici un principe important en psychologie : je ne peux changer que ce que j'ai accepté. Cette affirmation vaut tout particulièrement pour moi-même et mes côtés d'ombre. Si je me bats avec moi-même, j'éveille en moi une contre-force et je m'empêtre dans une autodestruction qui mine mes forces. Si je suis reconnaissant envers moi-même, ainsi qu'envers mon art et ma manière d'être, quelque chose en moi peut se transformer. Ce principe vaut aussi pour mon semblable. Si j'accepte mon semblable sans condition, ce dernier vit comme un défi de déployer la bonté que je décèle en lui. Il parvient alors à voir lui-même la grande valeur qu'il recèle et aspire à la concrétiser toujours davantage.

Romano Guardini formula d'importantes conditions pour que la gratitude soit possible : la gratitude ne s'exerce qu'à l'égard d'une personne, jamais d'une chose. De plus, la gratitude nécessite un espace de liberté. Nous remercions un homme qui nous offre un présent ou un service. Mais la gratitude n'est possible que si le donneur nous respecte, sans quoi il blesse notre sens de l'honneur.

« Si, tandis qu'elle aide l'autre, une personne fait sentir sa supériorité, la gratitude meurt, remplacée par l'humiliation et le ressentiment. »

Romano Guardini

La gratitude présuppose toujours l'estime de l'autre :

« La gratitude suppose l'honneur. Sans respect réciproque, elle sombre dans l'offense. »

Romano Guardini

Une dimension importante de l'estime consiste à remercier l'autre pour ses actes. En le remerciant, je montre que je vois et estime son acte, lequel ne va pas forcément de soi. Je remercie autrui et j'honore celui qui m'a offert un cadeau par ses faits ou simplement par son existence.

Manger avec précaution

Nous mangeons plusieurs fois par jour, sans pour autant toujours prêter attention à notre repas. Prends aujourd'hui un repas seul et dans le silence.

Porte la nourriture avec respect à ta bouche et sens comment ta bouche s'en saisit. Sens la texture de la nourriture et mâche avec précaution. Perçois les impressions de goût variées: salé, sucré, fruité, etc.

Prends conscience que chaque gorgée, chaque bouchée, redonne à ton corps de l'énergie dépensée et t'offre une force nouvelle.

L'AMABILITÉ

L'amabilité décrit notre comportement à l'égard d'un ami. Le mot allemand *Freund* (ami) est lié aux termes *Freisein* (être libre) et *Lieben* (aimer). Un ami est une personne libre, non dépendante de moi et qui ne m'est pas assujettie. Par ailleurs, un ami est une personne que j'aime.

L'amabilité désigne un comportement ouvert à l'autre. Par mon amabilité, j'exprime à autrui qu'il est mon ami. Il n'est pas simplement un homme que je rencontre par hasard. Par mon amabilité, je fais de lui un ami, un homme d'une grande valeur, qui appartient à ma famille – entendue au sens où, en tant qu'êtres humains, nous sommes tous parents les uns des autres. Tous les hommes sont frères et sœurs et tous sont finalement des amis, des êtres apparentés de par leur origine et leurs manières.

Quand je traite un homme avec amabilité,
ce dernier devient, à cet instant, mon ami.

L'amabilité ne veut pas accaparer l'autre. Elle le traite comme un ami sympathique. Elle lui laisse sa liberté. L'autre personne n'est pas obligée de contracter avec moi une communauté sur le long terme. Mais quand je traite un homme avec amabilité, ce dernier devient, à cet instant, mon ami. Je le traite comme mon ami. Je le considère comme un ami. Mon comportement avec lui est aimable et gentil, semblable à celui que j'ai à l'égard de mes amis de longue date. L'amabilité signifie que j'ai désormais confiance en cet homme, que je vois en lui un homme de valeur. C'est pourquoi je m'approche de lui avec amabilité. Je lui offre mon amitié, pas une amitié accaparante, mais une amitié qui accompagne le temps de notre rencontre.

Rencontrer des hommes avec conscience

Prévois de rencontrer en pleine conscience les hommes que tu croiseras aujourd'hui.

Il y aura des rencontres dont tu te réjouis et des rencontres qui te sont pénibles. Libère-toi des soucis des rencontres pesantes et crois-les capables d'être importantes, elles aussi, pour ton jour présent.

Rencontre tous les hommes sans idée préconçue et veille à manifester à chacun de l'estime. Tu verras alors que tu seras toi aussi traité avec respect.

LA RECONNAISSANCE

Le terme allemand *Anerkennen* (reconnaître) désigne à l'origine un processus spirituel : je deviens intérieur à l'autre, je saisis mentalement ce qu'il signifie, ce qui est en lui. Et je m'en souviens, j'emporte à l'intérieur de mon cœur ce que je vois et reconnais en lui à l'extérieur, pour le goûter et le savourer. Reconnaître est un événement qui se produit dans mon cœur.

Nous utilisons aujourd'hui fréquemment le mot « reconnaissance » (*Anerkennung*) au sens d'une impression et d'une expression : j'exprime ce que j'ai décelé. J'atteste de l'acte de l'autre en le lui disant, en lui exprimant ma reconnaissance. L'expression n'est toutefois véritable que si un processus de décèlement et d'intériorisation la précède. Je reconnais un homme seulement si je ne me contente pas de le voir avec mes yeux, mais que je perçois intérieurement ce que voient mes yeux, que j'y réfléchis et que je cherche à le déceler. Et pour que l'homme puisse apprendre ma reconnaissance intérieure, je l'exprime.

Dans l'édition de juillet 2011 du magazine *Psychologie heute*, le sociologue du travail Stephan Voswinkel donna une interview intéressante sur ce sujet. Il y différencie deux *modi* de reconnaissance dans la vie professionnelle : l'hommage et l'admiration. L'hommage, dit-il, repose sur l'appartenance et l'intégration à une entreprise, ainsi qu'à la structure de communication.

« La gratitude salue le rendement à long terme, l'engagement pour l'entreprise ou pour les collègues[18]. »

Stephan Voswinkel

Au sein d'une entreprise, tout homme mérite l'hommage comme forme de reconnaissance pour le simple fait que, dans son unicité, il fait partie intégrante de l'entreprise.

Quant à l'admiration, selon les mots de Voswinkel, elle est :

« … une reconnaissance qui exprime la différence – on reconnaît la particularité, la carrière, des prestations hors pair, un succès impressionnant, et avant tout les réussites commerciales. Elle présuppose un horizon commun d'évaluation, mais ne se fonde précisément pas sur l'appartenance : c'est la réussite actuelle

qui suscite l'admiration, non la contribution normale et sur le long terme au rendement. Cette reconnaissance est toujours de courte durée, elle doit sans cesse être reconquise – elle est précaire, fragile et "fluide"[19]. »

L'admiration, quoique plus souvent manifestée que l'hommage dans la plupart des entreprises, est suscitée par un rendement exceptionnel. Bien entendu, un rendement exceptionnel mérite une reconnaissance particulière. Nous devons cependant veiller à permettre à l'autre d'être important et reconnu quand il est simplement là et travaille tout à fait normalement.

Je ne peux reconnaître un autre homme qu'à la condition de me reconnaître au préalable. Celui qui a du mal avec son amour-propre ne peut pas exprimer de reconnaissance à l'égard d'autrui. Il doit dévaloriser autrui pour se revaloriser lui-même. La reconnaissance n'est possible que si je me souviens de ma propre dignité et que je laisse la dignité de l'autre pénétrer en moi. Qui reconnaît lui-même sa propre dignité reconnaît l'autre sans problème. Il ne s'enlève aucune dignité pour autant. Au contraire, il partage sa dignité avec celle d'autrui.

Les protagonistes s'offrent ainsi mutuellement des cadeaux. En reconnaissant l'autre, je déclare être moi-même reconnu par Dieu et par moi-même, voire peut-être par les hommes. Mais ce n'est pas décisif. Voici ce qui l'est : c'est seulement quand je me reconnais moi-même que je suis capable de reconnaître autrui.

Percevoir l'espace intérieur du silence des hommes avec conscience

Assieds-toi tranquillement et écoute ta respiration. Laisse-la simplement aller et venir. Essaie de ne pas seulement être calme extérieurement, mais aussi de réduire au silence les voix en toi, afin que tu sois tout entier en l'instant.

Croise tes mains sur ta poitrine. Imagine qu'elles sont les gardiens de la porte menant à ton espace intérieur de calme. Laisse devant cette porte tes pensées, qui tournoient encore autour de toi, et imagine ton espace intérieur où règne le calme.

Attarde-toi quelque temps. Essaie d'emporter ton calme intérieur pour la journée et de le sentir comme un lieu de puissance quand le quotidien autour de toi est bruyant et agité.

Chapitre V

OÙ ET COMMENT PUIS-JE M'EXERCER À ESTIMER ?

Partout où j'ai affaire à des hommes, où je rencontre des hommes, où nous vivons et travaillons ensemble, l'estime a sa place. Les champs de notre vie sont autant d'endroits où nous devrions nous exercer à estimer.

«Exercer» est employé au sens littéral. Il s'agit un entraînement quotidien à l'estime. En théorie, tout être, ou presque, sait que l'estime est une bonne chose. Mais sans entraînement, nous ne pouvons acquérir aucune compétence. J'ai besoin d'exercice pour que ce dont je suis convaincu passe dans ma chair et mon sang, pour que cela aille de soi. Le sportif, qui s'entraîne au saut en hauteur, ne pense plus en sautant à la meilleure manière de sauter. L'enchaînement des mouvements, qui rend possible un bon saut, est passé dans sa chair et son sang.

Réfléchir en sautant n'apporte rien. L'important est de ne faire intérieurement qu'un avec le saut. Le sportif l'apprend à l'entraînement. Nous avons besoin de nous exercer sans cesse à estimer pour manifester, de manière appropriée et naturelle, de l'estime au quotidien: à nous-mêmes, à nos amis, à notre famille et à nos collaborateurs.

L'ESTIME DE SOI

Je suis moi-même la première personne avec laquelle je peux m'exercer à estimer. Il ne s'agit pas bien sûr de se surévaluer. Une telle attitude serait l'expression d'un narcissisme ou d'un sentiment d'infériorité.

M'estimer moi-même signifie que je m'accepte tel que je suis, avec toutes mes forces et mes faiblesses. Tel que je suis, j'ai de la valeur.

Je connais des hommes qui ne cessent de se dévaloriser. Ils se haïssent car ils sont trop susceptibles, car ils se laissent trop facilement blesser par autrui ou parce qu'ils se sont montrés trop jaloux vis-à-vis d'autrui. Ils aimeraient n'être ni jaloux ni envieux. Ils veulent être sûrs d'eux et positifs. Ils continuent cependant à éprouver des sentiments négatifs et se dévalorisent. Ils se font tout petits. Cette dévalorisation cache souvent ma déception d'être comme je suis.

Tout homme possède en tant qu'être humain une dignité intangible. Estimer signifie que je m'accepte tel que je suis, avec toutes mes forces et mes faiblesses. Tel que je suis, j'ai de la valeur. Je suis en effet une créature de Dieu. Dieu s'est fabriqué une image unique de moi, qui possède une infinie valeur. Que cette image soit parfois ternie ou modifiée par mes faiblesses est un autre sujet. Mais je n'ai pas le droit de dévaloriser mon image, sans quoi je dévalorise l'effet de Dieu sur moi. Celui qui dévalorise la créature prive du même geste son créateur d'une part de sa valeur divine.

S'estimer soi-même paraît simple. Il s'agit en réalité de la tâche de toute une vie. Je vois souvent des hommes se plaindre de ne pouvoir s'accepter eux-mêmes. Quand je leur demande plus précisément pourquoi ils ne peuvent pas s'accepter eux-mêmes, la même idée revient toujours: les représentations qu'ils ont d'eux-mêmes ne correspondent pas à leur essence. Ces hommes aimeraient être différents de ce qu'ils sont. Dans la mesure où ils ne correspondent pas à la représentation qu'ils ont d'eux-mêmes, ils ne peuvent pas s'estimer.

La première phase de l'estime consiste à abandonner ses illusions et ses images de soi prétendument grandioses. Un tel processus est douloureux. La psychologie nomme ce processus le deuil. Je dois faire le deuil du fait d'être comme je suis, d'être médiocre, de ne pas être l'homme le plus doué, le plus intelligent, le plus beau et le plus couronné de succès, pour accepter d'être un homme doté de certains talents mais aussi de limites. Oui, je suis un homme avec des limites. Et en tant que tel, j'ai une valeur intangible. Je manifeste de l'estime à mon égard, tel que je suis.

Je ne suis en mesure d'y parvenir que si je traverse la douleur de la déception face à l'explosion de mes illusions. Le chemin du deuil traverse la douleur au fond de mon âme. Là, au plus profond de moi, je suis en accord avec moi-même, en paix avec moi. Là, je découvre ma véritable valeur que personne ne peut m'enlever. Si je n'ose pas m'aventurer à travers la douleur, je reste suspendu à sa surface.

Il existe deux comportements face à la déception : soit je me lamente. Je nage dans l'apitoiement sur moi-même, sans jamais avancer. Je me plains moi-même, sans jamais découvrir ma véritable valeur. Soit j'accuse les autres ; je rends les autres responsables du fait que rien ne soit advenu de moi, que je ne rencontre pas autant de succès, que je ne sois pas aussi fortuné, aussi apprécié que les autres. Mais mes lamentations me retiennent dans mon insatisfaction, qui m'aveugle et m'empêche de voir ma propre valeur. C'est seulement quand je serai prêt à faire le deuil de moi-même et de ma médiocrité et à les accepter enfin que je verrai avec gratitude ma valeur, que je l'estimerai et l'honorerai.

En outre, l'estime de soi n'est pas un sujet réservé aux temps modernes. Cette question était déjà d'actualité il y a neuf cents ans. En 1145, Bernard de Clairvaux écrivit déjà sur ce thème dans une lettre à son ancien novice, le pape Eugène III[20] :

« Par quoi commencer ? Le mieux est sans doute d'aborder en premier tes nombreuses occupations pour lesquelles j'éprouve principalement de la compassion à ton égard. Je crains que, coincé dans tes nombreuses occupations, tu ne vois plus d'issue et que tu endurcisses ton front ; que tu ne te débarrasses peu à peu de ton intuition pour une douleur complètement juste et salutaire. Il est bien plus avisé de te soustraire de temps en temps à tes occupations que de les laisser te tirer et te conduire peu à peu jusqu'à un endroit où tu ne veux pas atterrir. Tu te demandes de quel endroit je parle ? L'endroit où ton cœur devient dur. Cesse de demander ce que j'entends

par là : si tu n'as pas peur, c'est que ton cœur en est déjà arrivé là.
Le cœur durci est seul ; il ne se répugne pas à lui-même car il ne se sent plus lui-même. Que me demandes-tu ? Aucun homme au cœur durci n'obtint jamais le salut, à moins que Dieu n'eût pitié de lui et n'eût, comme dit le prophète, ôté de lui son cœur de pierre pour lui donner un cœur de chair (Ezéchiel 36, 26).
Si tu places ta vie entière dans l'action sans réserver aucun espace à la méditation, dois-je te féliciter ? Pour cela, je ne te félicite pas. Je pense que quiconque connaît les paroles de Salomon ne te louera pas : "... celui qui est libre d'affaires devient sage" (L'Ecclésiastique 38, 24[21]).
Si tu veux être pleinement là pour tous, d'après l'exemple de celui qui s'est fait tout à tous (Première épître aux Corinthiens 9, 22), je louerai ton humanité – mais seulement si cette dernière est entière et sincère. Comment peux-tu être un homme de façon entière et sincère si tu t'es toi-même perdu ? »

Être toi-même

Prends pleine conscience de toi en tant que toi-même, deviens conscient, dans toute l'acception du terme.

Tiens-toi droit, les pieds et le dos bien droits. Imagine-toi alors: tu te tiens tel un arbre dont les racines sont profondément enfouies dans la terre. Aucune tempête n'est capable de renverser l'arbre. Imagine que tu t'ouvres vers le haut, tel un arbre qui déploie sa couronne vers le haut – comme si Dieu te tirait doucement par les cheveux et te relevait.

Emporte dans ton quotidien cette image de l'arbre et du redressement et entraîne-toi à cette image dès que le vent t'assaille d'espoirs et d'opinions.

Ce que j'apprécie en moi

Réfléchis à ce que tu apprécies en toi. Si tu veux, note l'estime que tu nourris à ton égard.

Mon caractère

....

....

Mon corps

....

....

Mes capacités et aptitudes

....

....

Mes représentations et idées

....

....

Mes expériences

....

....

Tu es toi aussi un homme. Pour que ton humanité puisse être universelle et parfaite, ton cœur doit être attentif non seulement à tous les autres, mais aussi à toi-même.
Car à quoi te servirait-il – selon la parole de Dieu (L'Évangile selon saint Mathieu 16, 26) – de gagner le monde entier, si tu ruines ta propre vie ? Même si tous les hommes ont un droit sur toi, tu restes un homme qui a un droit sur lui-même. Pourquoi devrais-tu être le seul à ne rien avoir de toi ? Combien de temps encore seras-tu un esprit qui s'en va et ne revient jamais (Psaumes 78, 39) ? Combien de temps encore offriras-tu ton attention à tous les autres, sauf à toi-même ?
À l'égard de quel être celui qui se traite lui-même mal peut-il être bon ? Penses-y : sois indulgent avec toi-même. Je ne te dis pas de toujours l'être, je ne te dis pas de l'être souvent, mais je te dis de l'être de temps à autre. Sois là pour toi comme tu l'es pour tous les autres, ou en tout cas sois là pour toi une fois que tu l'as été pour tous les autres. »

Bien se traiter s'apprend, et s'estimer est un excellent exercice pour apprendre à bien se traiter durablement. Nous devons sans cesse recommencer cet exercice, car, même si nous avons appris une première fois à bien nous traiter nous-mêmes, nous pouvons le désapprendre par manque d'exercice.

L'ESTIME AU SEIN DE LA FAMILLE

La famille est le lieu parfait pour s'exercer à estimer. L'époux estime son épouse et l'épouse, son époux, sans quoi ils ne se seraient pas mariés. Cela va de soi, n'est-ce pas ?

Dans la vie de tous les jours, nous nous relâchons souvent, même dans notre relation la plus étroite, qui nous relie à notre compagnon. Nous oublions de témoigner constamment à l'autre notre estime. Nous quittons le travail et rentrons à la maison, avec encore en tête les réunions, les appels téléphoniques, les tâches et les problèmes professionnels. Ou bien, si nous avons passé la journée à nous acquitter des travaux domestiques et à garder les enfants, notre cerveau est-il encore pris par le planning hebdomadaire de courses et la dispute sur l'aire de jeux. Bien trop souvent, nous ne gardons plus de place pour témoigner une réelle attention à notre compagnon.

En particulier, les maris ont-ils bien souvent du mal à montrer à leur compagne de l'estime, autrement dit, ils ne voient pas vraiment quelle en est l'importance. Quand les femmes se plaignent de manquer d'estime de la part de leur compagnon, elles reçoivent souvent cette réponse agacée : « Je t'ai pourtant si souvent dit que je t'aime, que j'estime ce que tu fais, ce que tu es et comment tu es. Combien de fois dois-je encore te le répéter ? » Les hommes pensent qu'il suffit de dire une fois clairement les choses.

C'est une erreur, et pas seulement vis-à-vis des femmes. Nous avons tous besoin d'estime au quotidien. Pensons à notre propre indigence et imaginons faire du bien à l'autre quand nous lui adressons quotidiennement un mot d'encouragement, de remerciement, d'estime. Cela ne nous coûte rien, si ce n'est de l'attention et un regard ouvert à l'autre, ainsi que le courage de dire ce que nous ressentons.

Nous avons tous besoin au quotidien
d'estime, d'attention
et d'un regard ouvert porté vers nous.

Comme nous qui sommes adultes, nos enfants ont besoin d'estime. Plus que tout autre, ils réclament d'être vus dans ce qu'ils font et sont. Ils ne se sentent vus qu'à la condition que nous nommions ce que nous voyons. Mais il faut le faire avec mesure. L'estime ne vient pas du fait que nous louions tout ce que font ou disent nos enfants. Les enfants ne prennent de toute façon pas au sérieux des félicitations trop rapides et superficielles.

Si en revanche nous nous intéressons à ce qu'ils font et à la manière dont ils le font, les enfants accueillent réellement les félicitations que nous leur adressons. La première phase consiste à s'intéresser à eux, puis à leur demander ce qu'ils ont vécu et ce qui les préoccupe. Quand nos enfants parlent d'eux-mêmes, nous y prêtons une oreille attentive et posons des questions pour qu'ils en racontent encore davantage. Nous les prenons au sérieux, en écoutant ce qui les préoccupe.

Les enfants remarquent très rapidement si nous posons la question « Comment s'est passée l'école ? » seulement pour la forme ou si nous sommes vraiment intéressés par la réponse. Si nous ne les écoutons qu'à moitié, soit ils s'arrêtent de raconter, soit ils parlent comme des moulins à paroles, dans l'espoir que nous finirons par les écouter pour de bon et par les prendre au sérieux. Et malheureusement, les histoires à rallonge ont plutôt tendance à nous agacer.

Enfants comme adultes, nous avons tous besoin d'éloges, de remerciements et de toute autre marque de reconnaissance. Celui qui félicite son enfant ne le « gâte » pas, mais lui donne ce qui est aussi important pour son développement psychique que le « pain quotidien » pour son corps. Il ne s'agit pas de grandes choses, mais de tout ce qui se perd si facilement dans notre quotidien sous prétexte que « cela va de soi ». Les enfants se sentent considérés et vus s'ils sont félicités pour ce qui marche bien. Si les parents ne remarquent pas seulement ce qui doit être blâmé. Félicitez vos enfants : pour une bonne note à l'école, pour un morceau de piano convenablement joué, pour une chambre rangée, pour leur amabilité au réveil.

Et les enfants se sentent reconnus si vous les remerciez et ne considérez pas tout comme allant de soi : quand ils descendent la poubelle, qu'ils rangent leurs chaussures, qu'ils mettent la table, qu'ils appellent quand ils sont en retard, qu'ils vous réconfortent lorsque vous êtes triste. Pour tout ce que sont vos enfants pour vous.

Et voici ce qui est intéressant dans une telle attitude : si vous cherchez à trouver des raisons de les féliciter et de les remercier, vos rejetons vous paraissent à nouveau bien plus charmants et remarquables.

Si vous avez une famille nombreuse, ne vous consacrez pas toujours à l'ensemble de la fratrie, mais réservez parfois du temps à un seul membre de la famille. Les enfants se sentent ainsi beaucoup plus considérés, reconnus et estimés. Essayez de répartir de façon égalitaire ces « rendez-vous individuels » et soyez à l'écoute des besoins spécifiques de l'enfant en question et de sa tranche d'âge. À cette occasion – deux heures le samedi après-midi suffisent déjà –, soyez entièrement présent pour cet enfant. Les enfants issus de familles nombreuses éprouvent souvent le sentiment de « disparaître » dans la foule. Vous offrez à votre enfant un cadeau de valeur quand vous lui accordez du temps à lui seul sans ses frères et sœurs « dérangeants », grands ou petits.

Invitez votre fille aînée au café. Visitez avec votre fils un musée qui l'intéresse. Emmenez votre cadet au terrain de football. Passez un moment avec votre petite fille à la piscine, ou avec votre fils dans une brasserie en plein air. Cultivez un hobby qui vous intéresse tous les deux… Les possibilités sont légion !

À l'âge adulte, les enfants continuent d'aspirer à la reconnaissance et à l'estime de leurs parents. Les jeunes adultes ont besoin d'un mot de reconnaissance qui les encourage à poursuivre leur voie. Devenus adultes, les enfants rêvent souvent d'un mot qui montre que leur père ou leur mère est fier d'eux. Devenus adultes, les enfants sentent très bien si leurs parents ne parlent que d'eux-mêmes ou s'ils sont ouverts à voir leurs enfants et à s'intéresser à eux.

Certains adultes me racontent qu'ils n'aiment pas trop passer « à la maison » parce que leurs parents ne s'occupent que d'eux-mêmes. Ils ont l'impression de ne plus avoir de place dans le monde de leurs parents. Ils ne peuvent plus rien y raconter d'eux-mêmes car leur vie est étrangère à leurs parents et car, en réalité, elle ne les intéresse pas. Seul compte le petit monde de leurs propres problèmes.

Dans le pire des cas, les parents adressent à leurs enfants devenus adultes le reproche de ne pas venir assez souvent ou de mener une existence que leurs parents ne peuvent et ne veulent pas comprendre. Une telle situation engendre un cercle vicieux de stupeur et de refus que les deux partis peuvent encore plus difficilement rompre.

L'estime élargirait ce monde étroit, enrichirait les parents et offrirait aux enfants devenus adultes un foyer dans lequel ils replongeraient sans cesse volontiers.

Chercher le bonheur

Notre regard est souvent dirigé vers ce qui nous manque. Essaie aujourd'hui de voir tout ce qui t'a été donné, ce que tu as atteint, ce qui te rend heureux.

Prends une grande feuille de papier et écris tout ce qui est bien dans ta vie. À côté des biens matériels et des possibilités financières comptent avant tout les choses que tu aimes bien faire, tes amis, la santé, tes capacités, tes talents, etc.

Regarde une dernière fois ta liste quand tu penses qu'elle est exhaustive. Peux-tu éprouver de la gratitude pour le bien dans ta vie ? Transforme tes remerciements en une prière adressée à Dieu ou partage-les sous forme de paroles ou d'actions avec une personne à l'égard de laquelle tu es reconnaissant.

L'ESTIME DANS LA VIE PROFESSIONNELLE

Travaillant moi-même avec deux cent quatre-vingts collaborateurs et collègues, je sais que la question de l'estime n'est pas toujours simple. En théorie, la plupart des chefs et des cadres dirigeants sont convaincus qu'il est bon d'estimer, qu'on obtient davantage de ses collaborateurs en les félicitant qu'en les critiquant sans cesse. Il nous semble cependant souvent difficile d'exprimer une estime sincère et authentique.

Certains collaborateurs me racontent : « Nous remarquons tout de suite quand notre chef revient de cours. Pendant deux semaines, il se remet à nous féliciter, pour ensuite redevenir comme d'habitude. » Ils ne prennent pas ses éloges au sérieux. Ils sentent quand quelqu'un a appris de façon superficielle ou mécanique à les formuler.

L'estime véritable doit venir du cœur. Une estime et des éloges forcés perdent leur effet positif.

L'estime véritable doit venir du cœur. Elle doit être répétée, mais pas comme une astuce ni comme un moyen pédagogique de manipuler ses collaborateurs afin d'en extraire une poussée de motivation et un rendement plus important. Une estime et des éloges forcés perdent leur effet positif. Bien entendu, l'estime nécessite une juste mesure. Les collaborateurs qui remarquent quand leur chef revient de séminaire, car ils les félicitent davantage, sentent que cette louange n'est pas appropriée. Elle nécessite la juste mesure et le bon moment.

Souvent chacun travaille pour lui-même, ne voit que son propre travail, trouve naturel qu'autrui accomplisse bien son travail. Mais nous traduisons rarement en paroles les actes de l'autre. L'art et la manière d'estimer au quotidien sont simples : considérer l'autre dans son travail, le regarder quand je lui parle, lui procurer de la considération.

Je m'intéresse à son travail. Quand il me transmet le résultat de son travail, je ne me contente pas de l'accepter sans mot dire comme si cela allait de soi, mais je le remercie. Je ne peux pas le féliciter à l'instant où il m'apporte le résultat de son travail, dans la mesure où je n'ai encore rien pu vérifier. Sinon il sentirait tout de suite : « Ses éloges sont une entourloupe. » Mais une fois que j'ai lu ou regardé les éléments, j'ai l'occasion d'exprimer à l'autre ma reconnaissance d'avoir bien fait.

Il existe donc une première estime, quotidienne, dans le fait de regarder l'autre, de lui parler et de l'écouter d'une oreille intéressée. Cette estime s'exprime aussi dans les manières polies et reconnaissantes, dans ma manière prévenante, sincère et aimable. Il existe une seconde estime, spécifique, qui trouve son expression dans les paroles réfléchies de la reconnaissance et de l'éloge.

Cette estime doit être bien dosée. Elle doit être appropriée. Je n'ai pas le droit d'employer n'importe quelle formule toute faite. Je cherche des paroles personnelles qui revêtent une réelle signification pour l'autre et qui se rapportent à sa situation. Mes paroles peuvent alors le toucher.

Chapitre VI

COMMENT POUVEZ-VOUS VOUS EXERCER À ESTIMER ? QUELQUES SUGGESTIONS

Dans les pages suivantes, vous trouverez quelques idées pour vous exercer dans votre vie quotidienne à estimer autrui sans fournir de grands efforts : paroles d'éloge et de remerciement, petits compliments, gestes et cadeaux simples. Vous pouvez établir une liste – directement dans le livre ou à l'aide d'une copie, que vous conserverez dans un endroit « sûr ».

PAROLES D'ÉLOGE

Je trouve bien que...

... tu arrives si bien à t'y prendre avec les gens.
... tu sois autant à l'écoute.
... tu cuisines si bien.
... tu te débrouilles si bien avec la technique.
... ta conduite soit si sûre.
... tu sois si organisé.
... tu sois si serviable.
... tu chantes si bien.

D'autres qualités vous viennent sans doute à l'esprit, qui sont également dignes de louange.

Notez ci-dessous à qui vous pourrez faire plaisir avec de tels éloges.

....

....

....

....

....

....

....

....

....

....

....

PAROLES DE REMERCIEMENT

Merci…

… d'avoir sorti les poubelles.
… de rendre l'appartement si beau.
… d'avoir complété la liste.
… d'être si aimable avec moi.
… de m'aider dans les tâches ménagères.
… d'avoir tondu le gazon.
… d'avoir sorti le chien.
… de tant t'inquiéter pour nous tous.

… de m'appeler.
… de m'y avoir fait penser.
… d'être là pour nous.

Pensez :

Il ne s'agit pas de remercier pour les choses grandes et extraordinaires, mais pour ce qui risque de rester de côté et d'être tenu pour naturel. Vous verrez, si vous remerciez plus souvent pour des bricoles, l'atmosphère changera rapidement dans votre entourage, comme par enchantement.

Notez ci-dessous quelques « motifs de remerciement » et leurs bénéficiaires pour les prochains jours.

....
....
....
....
....
....
....
....
....
....
....
....

PETITS COMPLIMENTS

Cette robe te va à merveille.
Tu es beau comme tout dans ce costume.
Ce matin, tu rayonnes.
Ton collier s'accorde à ravir avec ton chemisier.
Quand tu ris ainsi, le soleil se lève.
Ton coiffeur est un génie.
Tu as une voix de radio.

D'autres compliments, des compliments sincères, vous viennent sans aucun doute à l'esprit.

Il faut le souligner : il ne s'agit pas d'inventer quelque chose, mais de découvrir ou redécouvrir la beauté de l'autre et d'exprimer son estime à ce sujet. Il s'agit de s'exprimer sans lourdeur ou sans rendre l'autre méfiant.

Pendant plusieurs jours, notez les choses qui vous plaisent particulièrement chez les personnes de votre entourage :

....

....

....

....

....

....

....

....

....

....

....

....

....

....

....

....

....

....

SIMPLES GESTES D'ESTIME

• Tournez-vous vers la personne qui vous fait face. Quand vous passez du temps ensemble, ne faites rien d'autre : pas de journal, pas de télévision, pas de téléphone.

• Posez à la personne qui vous fait face des questions qui l'invitent à la narration. Donc aucune question fermée, mais des questions qui commencent par un pronom interrogatif : « Qui, quoi, où, comment, etc. » Puis écoutez attentivement les réponses. Même quand elles durent un peu.

Qu'est-ce qui t'a particulièrement énervé cette semaine ?
Qu'est-ce qui t'a fait plaisir ?
Qu'attends-tu avec impatience, à l'approche du week-end ?
Qu'aimerais-tu faire pendant ces vacances ?
Quels voyages aimerais-tu faire ?
En quoi puis-je t'aider ?
Qui aimerais-tu réinviter à l'occasion ?

Et si votre enfant ou un autre membre de votre famille exprime quelque chose d'absolument « impossible », ne protestez pas, mais dites : « C'est intéressant. Dis-m'en davantage. »

• Réservez du temps pour votre compagnon, pour votre compagne ou pour les membres de votre famille.

- Convenez d'un moment pour une soirée de jeux ou pour un brunch tranquille avec famille et amis.
- Promenez-vous ensemble un jour dans la semaine.
- Allez ensemble au musée, à un match, au théâtre, au cinéma, etc.
- Laissez un membre de la famille, à tour de rôle, décider ce que vous entreprendrez l'après-midi. Et veillez à ce que personne ne « râle ».
- Accordez-vous, à vous-même et à votre compagnon ou compagne, un week-end romantique.

- ....
....
- ....
....
- ....
....
- ....

PETITS CADEAUX

Offrez un présent que vous aurez fabriqué.

Faites un gâteau.

Offrez un livre ou un CD dont un membre de votre famille rêve en cachette ou qui est simplement susceptible de plaire à la personne concernée.

Invitez un membre de votre famille au café, seul, juste comme ça.

Offrez des fleurs, des pralinés, du chocolat – toutes ces choses prétendument « démodées » que l'on ne s'achète pas soi-même.

Offrez un cadeau lié au hobby de la personne concernée – même si vous-même ne connaissez rien à ce hobby.

D'autres attentions vous viennent-elles à l'esprit ?

....

....

....

....

....

....

....

....

....

NOTES

1- NDT : Pour toutes les citations de la Bible, nous avons utilisé la traduction de l'École biblique de Jérusalem.

2- NDE : Titre original de la version française : *La Tentation de l'innocence*, éditions Grasset, 1995.

3- NDE : La 11e est l'équivalent de la 1re dans le système scolaire français. (Toutes les notes de l'éditeur sont celles de l'éditeur français.)

4- NDT : Zweites Deutsches Fernsehen (ZDF) est la deuxième chaîne de télévision généraliste publique allemande.

5- NDE : traduction de Muriel Frantz-Widmaier.

6- NDE : traduction de Muriel Frantz-Widmaier.

7- NDT : Saint Benoît cite ici un extrait de la Genèse : Genèse 33, 13.

8- NDT : Nous citons ici la traduction du texte issue du site internet www.st-wandrille.com.

9- NDT : L'auteur cite ici un protocole existant dans son pays d'origine, à savoir l'Allemagne.

10- NDE: traduction de Muriel Frantz-Widmaier.

11- NDE: La phrase de Gabriel Marcel, sans doute prononcée en français mais citée en allemand par Anselm Grün, a été traduite ici de l'allemand par Muriel Frantz-Widmaier.

12- NDT: Le texte complet de l'Épître de saint Paul aux Romains est le suivant: «Mais espérer ce que nous ne voyons pas, c'est l'attendre avec constance.»

13- NDT: Nous pensons que l'auteur fait ici allusion aux mots suivants, extraits de *La Divine Comédie*: «Abandonnez toute espérance, vous qui entrez.»

14- NDE: traduction de Muriel Frantz-Widmaier.

15- NDT: Le texte complet de L'Évangile selon saint Mathieu est le suivant: «Et voici qu'une voix venue des cieux disait: *Celui-ci est mon Fils bien-aimé, qui a toute ma faveur.*»

16- NDT: Le terme allemand *Rücksicht* signifie principalement aujourd'hui «égard, considération».

17- NDE: traduction de Muriel Frantz-Widmaier.

18- NDT : Stephan Voswinkel, *Psychologie heute*, Interview *« Wer keine Anerkennung sät, wird auch keine Leistung ernten! »*, juillet 2011.

19- NDE : Cette citation ainsi que la précédente, toutes deux extraites de la même interview, ont été traduites par Muriel Frantz-Widmaier.

20- NDE : Les extraits de la correspondance de saint Bernard ont été traduits ici par Muriel Frantz-Widmaier. Pour lire davantage de textes écrits par saint Bernard : Bernard de Clairvaux, *Œuvres complètes de saint Bernard*, traduites par M. l'Abbé Charpentier, Librairie Louis de Vivès éditeur, 1866.

21- NDT : Saint Bernard mentionne, dans sa lettre, le verset de L'Ecclésiastique 38, 25. Cependant les termes qu'il indique – et que nous avons ici traduits – semblent issus du verset de L'Ecclésiastique 38, 24. Le texte de L'Ecclésiastique 38, 25 est le suivant : « Comment deviendrait-il sage, celui qui tient la charrue, dont toute la gloire est de brandir l'aiguillon, qui mène des bœufs et ne les quitte pas au travail, et qui ne parle que de bétail ? »

À PROPOS DE L'AUTEUR

Docteur en théologie, Anselm Grün, né en 1945, appartient à l'ordre de saint Benoît et gère l'abbaye des bénédictins à Münsterschwarzach, en Allemagne. En outre, il est conseiller spirituel et enseigne la méditation, l'interprétation des rêves en psychanalyse profonde, le jeûne et la contemplation.

Il a réalisé de nombreuses publications sur ces sujets, dont *Ose le renouveau et vis-le en confiance* et *Être en harmonie. Oublier ses soucis. Simplement vivre*, parus aux Éditions Jouvence, qui rencontrent un écho international très vif.

Depuis 2006, il fait publier sa Newsletter, *« Vivre simplement. La lettre d'Anselm Grün »*, aux éditions Herder.

Du même auteur aux Éditions Jouvence

Être en harmonie. Oublier ses soucis. Simplement vivre.

Que nous faut-il pour atteindre le bonheur ? Se libérer de ses soucis, arriver à être à l'unisson avec soi-même, et enfin, vivre avec plénitude et en toute simplicité. Voici un livre qui donne du sens à nos existences !

8,90 € • 160 pages

Ose le renouveau et vis-le en confiance

Le Père Grün explore ici les mystères du commencement à partir de la sémantique de certaines langues ; il se propose ensuite d'examiner des textes bibliques qui font mention de situations de renouveau.

Cet ouvrage lumineux incitera le lecteur, croyant ou non, à réfléchir à toute la richesse de la notion de renouveau ainsi qu'à ses corollaires : le pardon, l'échec, la confiance...

8,90 € • 128 pages

Achevé d'imprimer en juillet 2017

Dépôt légal : août 2017

Imprimé au Danemark par Nørhaven